I0785754